DIÁLOGO SOBRE A NATUREZA HUMANA

BORIS CYRULNIK
EDGAR MORIN

Título original: *Dialogue sur la nature humaine*

Outubro de 2013

Coordenação Editorial: Lia Diskin
Produção Editorial: Rose Riemma
Revisão: Lídia La Marck e Tônia Van Acker
Revisão Nova Ortografia: Gabriela Lara dos Santos

Dados Internacionais de Catalogação na Publicação (CIP)
Câmara Brasileira do Livro, SP, Brasil)

Cyrulnik, Boris
Diálogo sobre a natureza humana / Boris Cyrulnik, Edgar Morin ; tradução Edgard de Assis Carvalho. -- São Paulo : Palas Athena, 2012.

Título original: Dialogue sur la nature humaine.

ISBN 978-85-60804-17-7

1. Comportamento humano 2. Resiliência (Traço de personalidade) I. Morin, Edgar. II. Título.

12-13159 CDD-150

Índices para catálogo sistemático:
1. Comportamento humano : Psicologia 150

Palas Athena Editora
Alameda Lorena, 355 • Jardim Paulista
01424-001, São Paulo, SP
Tel / Fax (11) 3289-5426
www.palasathena.org.br • editora@palasathena.org.br

DIÁLOGO SOBRE A NATUREZA HUMANA

BORIS CYRULNIK
EDGAR MORIN

TRADUÇÃO
EDGARD DE ASSIS CARVALHO

Palas Athena

"NÃO POSSO
COMPREENDER
O TODO SE
NÃO CONHEÇO
AS PARTES E
NÃO POSSO
COMPREENDER
AS PARTES SE NÃO
CONHEÇO O TODO"

PASCAL

1.

BORIS CYRULNIK

Há muito tempo eu o observo – chego mesmo a lê-lo – e tenho a impressão de que jogamos na mesma equipe mental. Fico contente de encontrar aqui um colega. Na verdade, percebo que você mete o bedelho em vários assuntos e é exatamente esta a crítica que me fazem. Penso que, no plano das ideias, temos de escolher. Ou se decide ser especialista, uma situação bastante confortável intelectualmente, pois, para isso, basta acumular um número cada vez maior de informações sobre um tema cada vez mais preciso: como diz o dogma, terminamos sabendo tudo sobre nada. Ou se decide ser generalista, quer dizer, meter o bedelho, um pouco de cada vez, na física, na química, na biologia, na medicina legal: acaba-se, então, não sendo especialista em nada, mas tem-se o melhor ponto de vista sobre o indivíduo que se encontra diante de nós e que denominamos homem. São duas atitudes, duas políticas de saber totalmente diferentes... Ao ler suas obras, tenho a impressão de ter encontrado uma atitude mental dirigida para o homem.

EDGAR MORIN

Concordo com você, mas rejeito essa ideia de que sempre precisamos nos situar na seguinte alternativa: ser realmente um especialista e ter um saber pertinente, reconhecido pelos colegas, pelas universidades, pelas instituições; ou, então, ser um generalista e detentor de um saber totalmente inconsistente. Trata-se exatamente de evitar essa alternativa, o que, aliás, é o caso da ciência ecológica, por exemplo. A competência do ecologista diz respeito aos modos de regulação e desregulação dos diferentes elementos que constituem um ecossistema. Ao desempenhar o papel de regente de orquestra, ele apela para o saber do botânico, do zoólogo, do microbiólogo, do geólogo, etc. Acontece o mesmo no que concerne às ciências da Terra: desde a descoberta da tectônica das placas, estuda-se a Terra como um sistema bastante complexo, cujos elementos estão inter-relacionados. De modo geral, a partir do momento em que você tem um objeto no qual todos os elementos estão inter-relacionados, você apela para diferentes especialistas relacionados a esse objeto, cultivando e incorporando os conhecimentos-chave de outras disciplinas.

Volto-me, então, para a ideia muito importante de cultura. O que é cultura? É o fato de estarmos desarmados quando nos defrontamos com diferentes problemas! Por exemplo, ser culto historicamente significa que, quando nos falam da Bósnia, temos um mínimo de conhecimentos para situar a Bósnia em sua história, em seu contexto geográfico, na história do comunismo, dos Bálcãs, etc. De fato, o verdadeiro problema é fazer a ligação entre os saberes compartimentados e uma vontade de integrá-los, contextualizá-los ou globalizá-los. Posso fornecer-lhe um exemplo de um livro meu que se chama *O homem e a morte*[1]. Por que escrevi um livro como esse? Sem dúvida, pelo fato de que eu estava fascinado por esse tema, uma pulsão inconsciente que talvez tenha ocorrido após a morte de minha mãe – eu tinha 10 anos na ocasião –, mas também pela pulsão que senti em minha própria pele durante a Resistência, e que

1. Edgar Morin. *L'homme et la mort*. Paris: Seuil, 1951. (N.T.)

atingiu muitos de meus amigos... Decidi, então, estudar as atitudes, as concepções humanas diante da morte. Isso ocorreu em 1950. Você sabe que não existia, e que até hoje não existe, uma tanatologia, uma ciência dos temas ligados à morte. Para escrever esse livro, fui obrigado a estudar obras de etnografia consagradas às concepções da morte em sociedades arcaicas, mas também obras sobre as religiões, sobre os mitos... Estudei a consciência adulta da morte, as atitudes dos filósofos quando não creem mais na imortalidade, as religiões salvacionistas, os problemas da morte nas sociedades contemporâneas; fui obrigado, também, a me perguntar o significado da morte do ponto de vista biológico... Minha pesquisa obrigava-me a transitar da biologia à mitologia. Ao realizar esse trabalho, dei-me conta de que o que se denominava antropologia – a ciência do homem – continha algo fragmentado, mutilado. Com efeito, no caso da antropologia cultural ou social eliminava-se totalmente o homem biológico. Em uma visão na qual as determinações eram puramente materiais, considerava-se que os mitos pertenciam à superestrutura, quando são fenômenos muito viscerais que existem na realidade humana. Creio ser essa a razão de nosso encontro. Para você e para mim, não se pode falar do ser humano sem considerá-lo, simultaneamente, como um ser biológico, cultural, psicológico e social. Encontramo-nos porque sabemos que a imaginação, o imaginário e o mito são realidades humanas fundamentais.

BORIS CYRULNIK

Concordo com você! Penso que o Ocidente é efetivamente um fragmentador – e mesmo assim esse "frag" não é nada adequado. Aliás, foi a fragmentação (ou seja, a atitude que consiste em construir objetos parciais) que forneceu ao Ocidente o poder técnico e intelectual. Se, entretanto, esse objeto parcial se reforça, se atinge domínios cada vez mais amplos, se produz boas *performances* em laboratório, isso não ocorre obrigatoriamente no caso da vida. O pensamento ocidental (e aqui reside sua grande armadilha) acabou por acreditar que a parte podia ser separada do todo. Nossos especialistas conseguem resultados realmente bons a partir do momento em que seu discurso social admite que a parte possa ser separada do todo. O que se tem é uma parte, um fragmento artificial, mesmo que se trate de algo didático. Depois de tê-la manipulado artificialmente, esquecemo-nos dela ou nos recusamos a reintegrá-la no todo. Trata-se de um erro do pensamento. [...]

Você considerou a morte como objeto de reflexão que envolve uma relação entre vários elementos. Como efetivamente você escreveu em *O homem e a morte*, esse objeto de pensamento deve partir da biologia... Do ponto de vista biológico, morrer serve para quê? Jamais essa questão foi verdadeiramente colocada; creio mesmo que nosso Ocidente recalcou-a totalmente. Algumas páginas do seu livro já se referem, entretanto, à etologia, à não representação da morte nos animais. E seus questionamentos de 1951 permanecem até hoje atuais. Dentro de um século ou dois, quando enfim tivermos as respostas, nos encontraremos de novo para falar desse assunto... Na verdade, o contrassenso consistiu em acreditar que um objeto de ciência podia ser coerente quando era um fragmento do real, arbitrariamente dividido pelo pensamento, pela técnica, pelo laboratório. Quando observamos o lugar do homem no mundo vivo, chega-se à conclusão de que ele é incapaz de pensar sozinho, que tem necessidade de rodear-se de uma equipe. A armadilha do pensamento consistiria em construir um discurso teórico ininteligível, uma espécie de ecumenismo dos gêneros. De modo algum, não se trata disso! Trata-se de associar pessoas de disciplinas diversas para explicar um mesmo objeto de modo diferente. Cada um continua a ser o que é; deve simplesmente aprender a falar com o outro. O biólogo continua biólogo, mas pode tentar uma ponte e encontrar a riqueza de um psicanalista ou de um sociólogo.

EDGAR MORIN

Há, porém, necessidade de um grande conjunto de conhecimentos para que a interdisciplinaridade torne-se fecunda: se isso não ocorrer – é o que acontece um pouco na ONU – cada um quererá defender sua fronteira e seu território! Continuemos com o que você disse sobre a fragmentação. Bem entendido, acabamos acreditando que as fronteiras artificiais entre as disciplinas são fronteiras que correspondem à realidade; estamos diante de uma primeira ilusão. Aqui reside, porém, o grande êxito da ciência: Esqueceu-se de que a experimentação consistia em considerar um corpo fora de seu meio natural e fazê-lo trabalhar, influenciá-lo em um meio artificial.

Desenvolvemos técnicas de manipulação em todos os domínios, esquecendo ao mesmo tempo a realidade dos seres vivos, dos seres humanos. Nos dias atuais, a ampliação desmesurada dos poderes manipuladores da ciência, da energia atômica à genética, é de tal monta que propõe um grande problema. Temos o poder, mas não o verdadeiro conhecimento e, de modo algum, a sabedoria... Outro vício é o da redução. Acreditava-se conhecer um conjunto definindo separadamente seus elementos. Desde o século XVII, surgiram dois tipos de pensamento: o de Descartes (que triunfou) afirmava: "*Quando me defronto com um problema muito complicado, eu divido suas dificuldades em pequenas partes e, depois de tê-las todas resolvidas, eu resolvi o todo*"; o de Pascal afirmava: "*Não posso compreender o todo se não conheço as partes e não posso compreender as partes se não conheço o todo*"[2], o que leva a um pensamento que liga. Infelizmente Pascal não foi entendido, e nem mesmo compreendido. O pensamento complexo tenta, efetivamente, perceber o que liga as coisas

2. Blaise Pascal. *Pensamentos*. Tradução de Mario Laranjeira. São Paulo: Martins Fontes, 2005, p. 84. A afirmação integra a seção XV – Transição –, item 199 (72), intitulada "Desproporção do homem". (N.T.)

umas às outras, e não apenas a presença das partes no todo, mas também a presença do todo nas partes.

Guardo em minha memória as palavras de um amigo astrofísico que, ao responder à pergunta de um enólogo sobre o que via em uma taça de vinho, disse: "*Vejo a origem do cosmo, pois o hidrogênio formou-se nos primeiros minutos, vejo os sóis anteriores aos nossos em relação aos átomos de carbono, vejo os primórdios da Terra com a formação das macromoléculas, vejo o aparecimento da vida, o desenvolvimento do mundo vegetal, da vinha selvagem, os progressos da técnica no controle eletrônico da fermentação, da temperatura, etc.*"[3] Esse amigo meu viu tudo isso em uma taça de vinho! Creio que ainda estamos longe de ter compreendido a necessidade de religar. Religar é, sem dúvida, o grande problema que vai se apresentar para a educação. No que diz respeito à etologia, o que me impres-

3. A observação foi feita pelo astrofísico Michel Cassé durante reunião realizada no castelo Saint Julien Beychevelle, comuna francesa do sudoeste da França, na região da Aquitânia. O diálogo com Edgar Morin encontra-se aprofundado no livro *Filhos do Céu: entre vazio, luz, matéria*. Tradução de Edgard de Assis Carvalho, Mariza Perassi Bosco. Rio de Janeiro: Bertrand Brasil, 2008. (N.T.)

sionou, e que expus em meu livro antropológico *O paradigma perdido*[4], foi o quanto o estudo isolado do chimpanzé em cativeiro e em laboratório era incapaz de perceber o que, efetivamente, eram os chimpanzés. Pensava-se poder mensurar sua inteligência colocando três tamboretes e uma banana presa no teto e, depois, calculando o tempo que eles demoravam para agarrar a fruta. Entretanto, foi suficiente que uma pessoa humilde, originalmente uma taquígrafa[5], fosse passar alguns anos no meio natural dos chimpanzés para descobrir ali uma sociedade extremamente complexa, relações muito diferenciadas entre indivíduos – a ausência do incesto, por exemplo, entre filhos e mãe –, um mundo insuspeitável, completamente destruído pelo laboratório e pelo isolamento. E o que vale para a etologia vale para todas as ciências! O que denomino eco-organização é o que todo

4. Edgar Morin. *Le paradigme perdu: la nature humaine.* Paris: Seuil, 1973. Edição brasileira: *O enigma do homem. Para uma nova Antropologia.* Tradução de Fernando de Castro Ferro. Rio de Janeiro: Zahar Editores, 1979. (N.T.)

5. Referência a Jane Goodall (1934), primatóloga que realizou pesquisas com os chimpanzés em Gombe, na Tanzânia, durante 40 anos. O Instituto Jane Goodall tem relevante papel na defesa dos primatas em extinção. Em 2003, Goodall recebeu o importante prêmio Príncipe de Astúrias por sua contribuição à pesquisa científica e técnica. (N.T.)

ser vivo e, principalmente o ser humano, possui em seu próprio interior – a organização de seu meio. Falamos porque temos em nosso interior a cultura, a linguagem, os conhecimentos de nossa sociedade. Pelo simples fato de que comemos alimentos, temos também a energia exterior e a organização que se encontram nesses alimentos... Em outras palavras, o mundo exterior está em nosso interior em diálogo permanente. Pensar em termos contextuais certamente nos conduzirá a fazer progressos decisivos e não apenas cognitivos. Catástrofes naturais que ocorreram pelo desvio dos rios da Sibéria ou pela construção de barragens desnecessárias redundaram na destruição das culturas, tudo isso regido por uma lógica econômica fechada. Desenvolveu-se o que denominei uma "inteligência cega" em relação aos contextos e que se tornou incapaz de conceber os contextos. Fazemos agora parte de um mundo onde tudo está em comunicação, em interação...

BORIS CYRULNIK

Poder-se-ia, efetivamente, propor a ideia de que uma lógica isolada não é lógica. Mas Descartes, já falamos dele aqui, nos deu um golpe mortalmente benéfico, pois, ao opor homem e animal, corpo e alma, pôde constituir um objeto de ciência. Se pensamos que uma árvore é o lugar de nossos ancestrais, ela se torna uma pessoa e não pensamos em rachá-la para observar as ranhuras, a quantidade da seiva, pois ela seria arruinada pelo corte... O efeito benéfico, porém, é considerá-la como um objeto de ciência. Descartes nos prestou um grande serviço, pois permitiu considerar o outro como um objeto de ciência, autorizar a dissecção, a medicina experimental. Bem entendido, há também um efeito maléfico. A lógica isolada não é lógica, pois, como a parte não pode ser separada do todo, é necessário reintegrar as grandes realizações dos laboratórios no contexto, ou seja, associar-se para pensar, formar equipes de pensamento e de intercâmbios...

Em laboratório, pode-se demonstrar, por exemplo, de modo lógico e coerente, que o efeito psicofarmacológico de dois comprimidos de vitamina B6 é igual ao de um comprimido de vitamina B12. Trata-se, evidentemente, de um pensamento totalmente absurdo. Em termos individuais, se aprendermos a raciocinar a partir de um contexto e de uma história, construiremos um novo olhar a respeito da antropologia. Não será mais uma antropologia feita de pedaços separados – a biologia contra a cultura, o inato contra o adquirido, o homem contra seu grupo social –, mas, ao contrário disso, a integração de um pedaço no todo, no qual o indivíduo vive, funciona por intermédio das trocas, das comunicações, das relações necessárias. A partir desse momento, o homem assume seu lugar na natureza, ele não é mais contra a natureza, não é sobrenatural nem antinatural, mas conserva seu lugar de homem. A separação entre homem e animal não existe mais, nem mesmo a separação didática que permitiu construir bons objetos em laboratórios... Não se trata mais desse corte ontológico que fazia do homem um ser sobrenatural por natureza, situado acima ou contra os animais. Esse fato criou uma quantidade de discursos coerentes em um sistema fechado; o homem devia se apartar da natureza, o homem não era radicalmente um animal, etc. Entretanto, quando se olha para o homem como um centauro – meio homem, meio cavalo – compreende-se que ele tem suas patas de cavalo fincadas na terra e que, progressiva e gradualmente, acaba por chegar ao estágio do cérebro humano. Aliás, é o único cérebro entre os seres vivos a poder descontextualizar totalmente uma informação. O único, portanto, a construir signos com os gestos, com as sonoridades, com as vestimentas, etc. Em um universo centáureo, tudo é constituído de signos! Devemos, porém, nos dar conta de que, antes de chegar a produzir um signo, o centauro tem suas quatro patas fincadas na terra com seu corpo de cavalo. Para estudar o homem em seu conjunto, é necessário, então, dar a palavra não apenas ao biólogo – o especialista em patas de cavalo –, mas também ao linguista, ao sociólogo, pois eles construirão outro nível do mesmo objeto centauro. Nossos pedaços de conhecimento reintegrar-se-ão em um ser vivo, que é o homem inserido na natureza...

EDGAR MORIN

Com a condição de, ao mesmo tempo, efetivar uma reforma das estruturas de pensamento! Como você acaba de dizer, não é suficiente justapor as contribuições do sociólogo, do psicólogo, do biólogo... o que é necessário é conectá-las. Na verdade, creio que somos vítimas de um modo de pensamento alternativo. Ou o homem é natural, e então é reduzido à natureza, ao comportamento dos chimpanzés, à sociobiologia ou aos genes; ou o homem é sobrenatural e seu corpo não é senão um suporte vago, enquanto o resto assume o nome de espírito, de psiquismo e de cultura... Apenas outra estrutura de pensamento pode, entretanto, nos permitir conceber em conjunção, e eu diria mesmo em implicação mútua, aquilo que é percebido em disjunção. O que me interessou quando escrevi *O paradigma perdido* – e isso a partir de dados obtidos na ciência da pré-história e da etologia animal – foi que se podia reconstituir, ainda que de modo imperfeito, o romance da hominização e visualizar a emergência da linguagem em um dado momento.

Imagina-se muito bem essas sociedades hominídeas multiplicarem suas capacidades técnicas, suas trocas de todas as espécies, aí compreendidas as trocas afetivas, e que a linguagem se forma por meio delas. Em contrapartida, o bipedismo libera a parte do crânio que contém o cérebro, a caixa craniana, criando uma espécie de cofre-forte de ressonância que, contrariamente aos outros mamíferos, permite que os seres humanos cantem. Em um dado momento, nossa linguagem em dupla articulação irrompe e nos fornece os meios de ter um vocabulário ilimitado, criar uma sintaxe, etc. O que se passa a partir daí? Claro que a cultura não se encontra hereditariamente integrada, ela emerge e transmite-se pela aprendizagem. A cultura não nasce apenas no curso de um processo natural, mas ela se autonomiza relativamente e, assim, permite o desenvolvimento da humanidade. Uma das hipóteses que me seduziu foi a seguinte: já havia na última etapa, a do *Homo sapiens*, um berço cultural favorável à eclosão de um cérebro – esse grande cérebro que, sob todos os pontos de vista, ultrapassa o cérebro do *Homo erectus*. Se a cultura é produto de uma evolução natural, o último estágio dessa evolução não poderia ocorrer sem a existência da cultura. Por isso, podemos falar não apenas de corte epistemológico, mas também de junção ontológica. Falamos de cérebro com uma linguagem específica químico-elétrica (sinapses, conexões) e de espírito com a linguagem das palavras, das frases, das ideias, etc. O cérebro é visto sob o ângulo biológico e a mente sob o ângulo cultural – aliás, trata-se do cérebro nos departamentos de biologia e da mente nos departamentos de psicologia. Cérebro e mente são, entretanto, totalmente indissociáveis. Claro que não acredito que se possam unificar as duas abordagens, mas elas deveriam pelo menos se comunicar. Como não dissociá-las? Penso que existe aqui um problema de reforma do pensamento. A ideia que me parece muito importante é a de emergência. Desde que se tenha um conjunto organizador, produzem-se qualidades novas que não existem nos elementos isolados. Para que a mente emerja do cérebro, é necessário não apenas que esse cérebro funcione, mas também que o funcionamento desse cérebro seja estimulado pelo ambiente materno, pela linguagem que se aprende, pela cultura. Em outras palavras, a mente só é possível se existem cultura e cérebro. Um ser que não conheceu a cultura não é mais do que um primata situado em um nível mais inferior e, por isso, ele não pode desenvolver suas faculdades intelectuais. Percebemos, então, a grande interdependência entre aquilo que o homem possui de cultural e de psicológico, e o que possui de cerebral e biológico. Se não tivermos essa concepção da emergência, continuaremos a separar e separar cada vez mais...

2.

BORIS CYRULNIK

Ao escutar você falar de emergência, penso em Paul Valéry[6], que se referia ao segundo nascimento do homem – o nascimento das palavras ocorrido depois do nascimento biológico e possibilitado por ele. O homem nasce primeiro, depois nasce a condição humana. O fenômeno da separação de que falávamos nos legou a lamentável forma de clivar nossa representação do homem no mundo vivo. Biologicamente, uma das características humanas essenciais não é o incesto, pois já se sabe agora que entre os animais em ambiente natural (não em zoológico ou em ambiente doméstico) não existe inibição do comportamento sexual. No meu entender, a principal

6. Paul Valéry (1871-1945), pensador e poeta. Dentre outros textos, a coletânea *Olhares sobre o mundo atual e outros ensaios* (1945) permanece como referência de extrema importância para o entendimento da contemporaneidade. (N.T.)

característica biológica do homem no mundo vivo é a neotenia, uma extrema lentidão de desenvolvimento. Para ser mais claro, o homem pode tornar-se adulto e reproduzir-se mesmo que seu cérebro esteja ainda em estado fetal. Isso pode ser observado nas doenças do mal de Alzheimer; mesmo no cérebro que entra em declínio, que se degrada, que para de funcionar ou que desaparece, outras células continuam a germinar.

EDGAR MORIN
A ideia clássica de se afirmar que as células do cérebro não se renovam é corriqueira, mas não se diz também que certos pássaros, como os canários, têm células cerebrais que se renovam? Enfim, eu acredito...

BORIS CYRULNIK
Os neurologistas afirmam que, a partir do estado fetal, as células cerebrais começam a desaparecer, enquanto outras florescem e criam novas conexões sinápticas, novos circuitos neuronais. Isso é verdade desde o momento em que existe cérebro, quer se trate dos 20 mil neurônios do ouriço do mar ou dos bilhões de neurônios

do homem. Em resumo, como afirma Cioran[7], o drama não se restringe ao ato de morrer, mas de nascer, e isso porque a morte começa no nascimento. No mundo vivo, porém, a vantagem da neotenia é que o homem pode biologicamente continuar a modelar seu cérebro sob efeito das pressões do meio ambiente. Isso é genético ou ambiental? Não se pode responder a essa pergunta... ou então respondê-la unicamente de maneira ideológica, o que significa que se impessoaliza, como quando se enviam cartas anônimas, se exclui, se desqualifica o outro – os golpes mais baixos são aqueles que atingem melhor. Em contrapartida, se empregamos o termo "emergência", ou ainda os termos "gradualidade", "gradiente", podemos raciocinar de modo diferente e propor a seguinte ideia: uma criança que vem ao mundo só pode tornar-se um homem (visto que ela é portadora de

7. Émile Cioran (1911-1995). Inspiradas em Emmanuel Kant, Friedrich Nietzche, Martin Heidegger, Henri Bergson, as ideias de Cioran são de extrema importância para o conhecimento da condição humana. Um de seus principais trabalhos é *Précis de décomposition* (1949), em que esboça a genealogia do fanatismo, as flutuações da vontade, as possibilidades da tolerância. Edição brasileira: *Breviário de decomposição*. Tradução de José Thomaz Brum. Rio de Janeiro: Rocco, 2011. (N.T.)

um programa genético de homem), e mil homens diferentes, segundo seu condicionamento afetivo, materno, familiar e social. A própria sociedade pode participar da estruturação do cérebro. A prova disso é evidente: você se referiu a animais isolados – na experiência etológica denominamo-los de os Gaspar Hauser[8], em decorrência da história de Gaspar Hauser na Alemanha no começo do século XIX. Claro que um pequeno macaco em situação Gaspar Hauser, que foi privado de seus pais ou que sofreu um isolamento sensorial acidental, não pode, de modo algum, desenvolver seu programa genético. Ele não pode se tornar um macaco se for privado da convivência com outro macaco. Da mesma forma, um homem (cujo cérebro é capaz de viver em um universo imperceptível) que se encontra privado de alteridade humana não pode desenvolver suas promessas genéticas.

8. Gaspar Hauser nasceu em Anscach, Alemanha, em 1812. Passou os primeiros anos de sua vida preso numa cela e, por isso, não possuía capacidades simbólicas sistemáticas, pois nenhuma língua lhe foi ensinada. Símbolo extremo da exclusão, foi abandonado em praça pública em 1828. Morreu assassinado em 1833 com uma facada no peito. Em 1974, sua história foi convertida em filme dirigido por Werner Herzog. No Brasil, o filme foi intitulado *O enigma de Kaspar Hauser*. (N.T.)

EDGAR MORIN

E ele não pode nem mesmo desenvolver sua disposição para a linguagem, que se suprime ao fim de um certo número de anos...

BORIS CYRULNIK

Com efeito, ele não pode nem mesmo atingir o segundo nascimento, que é o nascimento da linguagem. Na verdade, retorna-se a essa importância de raciocinar em termos de emergência ou de gradualidade. Nesse instante, pode-se proceder a cortes de objeto – pois é necessário fazer reduções científicas, didáticas, arbitrárias –, mas, em seguida, reintegrar nossos pequenos fragmentos de verdade em um discurso, nossa palavra em uma frase. É somente assim que tudo pode assumir um sentido.

EDGAR MORIN

Penso que não existam apenas dois nascimentos, mas vários nascimentos da humanidade. E depois, de qualquer modo, seria necessário romper totalmente com essa ideia de que o *Homo sapiens* teria surgido como Minerva, da coxa de Júpiter, com a razão, a linguagem e a técnica prontas para entrar em funcionamento! Sabemos agora que a história começou há alguns milhões de anos – e cada vez mais recua nesse tempo. Um primeiro nascimento começa no início da hominização (o homem não tem senão um cérebro de 600 cm^3, apenas um pouco maior do que o de um chimpanzé), com a bipedização, a vida na savana, o deslocamento, os abrigos. Há um outro nascimento com a domesticação do fogo e, talvez, com o aparecimento da linguagem, se é que a linguagem precedeu efetivamente o aparecimento de nossa espécie. Incontestavelmente, um terceiro nascimento ocorre com o *Homo sapiens* (isso corresponde às sociedades arcaicas), pois o homem desenvolve consideravelmente suas técnicas, suas capacidades de representação artística, seu imaginário, suas crenças e suas mitologias. A Terra foi recoberta pelas sociedades arcaicas que, por mais diversas que sejam, obedecem, em maior ou menor grau, ao mesmo sistema: são sociedades sem Estado, muito pouco diferenciadas e fundamentalmente constituídas por caçadores-coletores. Na sequência, ocorre, enfim, um outro nascimento, o das sociedades históricas, que começam a surgir, há sete, oito ou 10 mil anos e que se desenvolvem destruindo as sociedades arcaicas – trata-se de um verdadeiro genocídio que está em vias de se completar atualmente na Amazônia ou nas geleiras polares. Esse nascimento das sociedades históricas comporta a agricultura, as aldeias, as milícias, o Estado, a soberania, a guerra, a escravidão, as grandes religiões, a filosofia, a inteligência, tudo isso totalmente caracterizado por ambivalências. Nos dias atuais, a questão é saber se haverá um novo nascimento da humanidade – em resumo, a capacidade do ser humano, dos grupos e das sociedades de se confederarem pacificamente na Terra.

Penso, efetivamente, que é necessário parar de ver a humanidade como algo dado, fixo, mas sim como produto de um devir sempre muito ambivalente... Você insistiu na importância da neotenia, efetivamente ligada ao cérebro grande. Ao mesmo tempo em que o cérebro se desenvolve, o ser humano se juveniliza. O adulto humano tem as mesmas características do macaco recém-nascido! Possui a face retilínea, não possui pelos, seu pênis não é liberado (aliás, em um certo número de civilizações termina-se a obra da natureza com a circuncisão). É claro que os adultos ignoram que eles permanecem como seres infantis, tanto para o melhor como para o pior, e isso pelo fato de que preservam as curiosidades da criança, são capazes de descobrir coisas, permanecem disponíveis – infelizmente, em nossas sociedades burocratizadas, com muita frequência todas essas qualidades se atrofiam. Acrescento também o surgimento desordenado do sonho, que ocorre no sono noturno, mas, sobretudo, das realidades fantasmáticas que surgem no estado de vigília. No fundo, penso que todo ser humano tem em si mesmo, de um modo mais ou menos recalcado, todas as idades da vida – o recém-nascido, cuja grandeza é fabulosa de se observar, já é um velho que possui uma sabedoria imemorial da qual, evidentemente, ele não é consciente. E diria mesmo que, em si mesmo, o ideal humano seria de manter vivas essas fases da vida, de entender que a velhice é uma bonificação e não uma acidificação!

Uma pequena referência ao incesto (ou melhor, às inibições do incesto às quais você se referiu), que é extremamente importante porque uma grande parte da base da teoria freudiana é fundada nesse fato... O incesto pai-filha não existe entre os chimpanzés, porque não existe a figura do pai. O pai que não sabe que é pai pode, então, se acasalar com sua filha. Finalmente, o pai irrompe muito tardiamente na história da humanidade (impondo-se na família, sem dúvida, com desejos pelas filhas), contrariamente ao que Freud pensou. Para Freud[9], tudo começa pelo assassinato do pai. A tese de Moscovici[10] que me seduziu bastante, era a seguinte: a verdadeira proibição do incesto é, de fato, o incesto pai-filha. E se Édipo comete um ato extremamente horripilante, não é porque existe proibição social ou cultural do incesto mãe-filho, mas porque um acontecimento como esse é inteiramente inconcebível... É verdade, portanto, que a proibição do incesto desempenha um papel cultural incontestável: permite a exogamia, as trocas... Esse fato demonstra bem a complexificação do conhecimento humano e do ser humano. Quem somos nós? Claro que possuímos uma herança genética, mas possuímos esses genes que nos pos-

9. Sigmund Freud (1856-1939). *Totem e tabu*. Edição brasileira: *Obras psicológicas completas de Sigmund Freud*, volume XIII. Tradução de Jayme Salomão. Rio de Janeiro: Imago, 1996. (N.T.)

10. Serge Moscovici (1928). Diretor do laboratório europeu de Psicologia Social, em Paris. Edgar Morin refere-se aos argumentos que se encontram sistematizados no ensaio *Société contre Nature*, publicado em 1972. Edição brasileira: *Sociedade contra natureza*. Tradução de Ephraim Ferreira Alves. Petrópolis: Vozes, 1975. (N.T.)

suem. São eles que nos permitem ter, ao mesmo tempo, um cérebro, um espírito, etc. No final das contas, tornamo-nos mais poderosos do que esses genes. Sabemos que nossas experiências e nossas culturas permitem a manifestação de certos genes e a inibição de outros. Nossas experiências vividas singularizam nosso destino. É evidente que toda criança pode reagir de uma maneira totalmente diferente aos golpes do destino. A infância não é apenas feita de jogos e brincadeiras, mas também de experiências trágicas, totalmente trágicas. Experiências essas que nos tornam incapazes para a vida, ou que, ao contrário disso, nos reforçam.

BORIS CYRULNIK

Ao falar dos nascimentos no plural, você me convenceu. Em nosso pequeno grupo composto por antropólogos, biólogos, veterinários e psicólogos, que trabalha, observa, manipula e reflete em conjunto, eu havia proposto o termo "gradiente", mas sua expressão de "nascimentos do homem" me parece boa e conclusiva. É verdade que a noção de gradiente, retirada da biologia e que aqui assume um caráter mais literário, permite afirmar que os nascimentos no mundo vivo começam antes do homem. Por exemplo, as plantas são dependentes do contexto e devem absorver o oxigênio, o sol e a água. Em um contexto mamífero, o primeiro gradiente de liberdade biológica é a gordura[11]. Assim, desde o instante em que um ser vivo pode estocar em seu próprio corpo a energia que vai permitir que ele se desloque, ele escapa do imediatismo das estimulações do contexto: atinge um primeiro grau de liberdade biológica. O segundo grau é a homeotermia, ou seja, a capacidade de manter a temperatura interna estável quando a temperatura do mundo exterior varia. Nesse momento, o animal ou o ser vivo possui um meio de permanecer o mesmo e escapar ainda mais das variações da temperatura. O terceiro grau de liberdade biológica ao qual você se referiu é o sonho, o sono paradoxal, "o recipiente biológico" que viabiliza os sonhos uma vez que ainda não sabemos quais acontecimentos vão ser incluídos neles. A atitude biológica para fabricar e secretar biologicamente o sonho existe nos animais. E é apaixonante compreender a partir de qual nível do ser vivo o sonho, o sono paradoxal, a atitude

11. *Graisse* no original: gordura que se reparte em diversas partes do corpo humano, sobretudo no tecido conjuntivo subcutâneo. (N.T.)

de sonhar aparecem. Sabe-se que certos animais alternam apenas ondas lentas e ondas mais ou menos rápidas e não produzem o sono rápido; por isso, são inteiramente dependentes das estimulações do contexto...

EDGAR MORIN

Mas os animais que sonham não são homeotérmicos?

BORIS CYRULNIK

Claro que sim! Os poiquilotérmicos estão sujeitos às variações do contexto e os homeotérmicos permanecem estáveis. O que é interessante quando aparece o sono paradoxal é que os animais podem adquirir experiência e, em suma, a memória torna-se mais forte. Desde o instante em que a experiência pode estabelecer-se na base do cérebro, eles podem se dar conta do que ocorreu, não em sua história, mas em sua memória, para, em consequência disso, evitar algo que foi doloroso ou, ao contrário, recuperar algo que foi agradável. A manifestação biológica traz consigo o sono paradoxal e, também, um certo grau suplementar de liberdade.

Entre as crianças e entre jovens seres humanos o jogo dá continuidade a esse processo: a criança experimenta, faz assim e assado, olha, brinca. Começa fazendo cócegas, em seguida diz "Bum! Caiu", depois "Eu vou te pegar". O jogo de pega-pega é importante, pois significa algo como: "Você começa a se tornar autônomo e eu vou pegar você depois, mas você pode fugir..." Trata-se de um grau de liberdade. O jogo de esconde-esconde é a primeira vitória epistêmica da criança, pois o objeto que ela vê aparecer corresponde ao que ela pensou. O contato com o próprio excremento, com o dito "cocô-chouriço"[12] é, enfim, a brincadeira mais significativa, pois pelo jogo de palavras ela demonstra exatamente que, por meio da liberdade absoluta, podemos viver em um mundo de virtualidade graças às nossas palavras. A palavra é, ao mesmo tempo, maravilhosa e terrível. Você falou de genocídio. Com efeito, a partir do instante em que nos tornamos capazes de habitar

12. *Caca boudin*, no original. Trata-se de uma expressão infantil bastante utilizada na França. Entre os 2 e os 8 anos, a criança exibe uma forte criatividade, inclusive de humor escatológico, que representa um desafio irônico à autoridade parental. Nos *Três ensaios sobre a teoria da sexualidade*, Freud identifica os estádios pré-genitais (oral, anal) e genital em relação às quatro zonas erógenas do corpo: oral, anal, uretrogenital e mamária. Edição brasileira: *Obras psicológicas completas de Sigmund Freud*, volume VII. Tradução de Jayme Salomão. Rio de Janeiro: Imago, 1996, p. 119-232. (N.T.)

o mundo virtual – que inventamos com nossas narrativas –, podemos ter muito ódio e, logicamente, matarmo-nos uns aos outros, pela ideia que temos do outro, mas não pelo conhecimento que temos dele. Nesse instante, escapamos dos mecanismos reguladores da natureza e nos tornamos completamente dependentes do mundo que criamos. E é, então, a partir desse mundo extremamente moral e lógico, que os genocídios são fabricados e constituídos.

EDGAR MORIN

Em primeiro lugar, a propósito da homeotermia, parece-me necessário introduzir o conceito de regulação, ele próprio baseado em um circuito retroativo, principalmente a retroação negativa. Por quê? Suponhamos que haja um sistema, mesmo físico, (um sistema de aquecimento central, por exemplo) dotado de um termostato. A temperatura ideal requerida – digamos, o efeito – retroagirá sobre a causa, e isso porque o termostato vai parar a caldeira ou reativá-la se a temperatura baixar. Esse circuito retroativo cria uma autonomia térmica. O conceito de autonomia era desconhecido pela ciência clássica, submetida ao determinismo exterior. Hoje é indispensável ter conceitos capazes de explicar o que é autonomia e, a partir dela, o que é liberdade... No domínio vivo, uma outra dimensão me parece importante – a dimensão cognitiva. Lembro-me de uma experiência muito singular que foi relatada na revista *Science*: numa floresta, pesquisadores tinham esfoliado completamente a árvore de uma dada espécie. Ela produziu seiva com mais intensidade para reconstituir suas folhas, mas secretou igualmente um produto antiparasítico. O mais interessante é que as árvores da mesma espécie que estavam nas vizinhanças começaram a secretar esse mesmo produto antiparasítico; em suma, uma comunicação foi estabelecida. Mesmo no mundo vegetal, sabemos que existem estratégias. Os rábanos são terríveis, envenenam o solo e impedem que outras plantas cresçam ao seu lado. As ideias de inteligência também existem no mundo animal... Qual, porém, será a diferença? A diferença é que a inteligência consciente serve-se da linguagem e das palavras, e que nós criamos uma noosfera, ou seja, uma esfera de produtos de nossas mentes. E essa esfera cerca a humanidade como as nuvens que cercavam a marcha dos hebreus no deserto. Além disso, penso que não nos damos conta de que as ideias – que são, doravante, nossas intermediárias para nos comunicarmos com a realidade – vão também mascarar a realidade e fazer com que priorizemos a ideia em detrimento do real. Essa cruel relação com o mundo das ideias é uma das mais atrozes que ocorreram com a humanidade. Por quê? Porque, do mesmo modo que as comunidades humanas criaram deuses extremamente terríveis, que exigiram inúmeros sacrifícios humanos, nos dias atuais conferimos uma existência e uma transcendência às nossas ideias. Somos capazes de matar ou morrer por uma ideia. É isso, então, que caracteriza essa espécie de esfera das ideias que emergiu! Se não for alimentada com nossas atividades cerebrais e mentais, ela ficaria reduzida a nada...

Uma última consideração sobre esses jogos aos quais você se referiu; à exceção da brincadeira do "cocô-chouriço", minha gatinha sabe brincar de esconde-esconde e de pega-pega...

BORIS CYRULNIK

Os jogos de palavras são bastante raros entre os gatos, pois eles se consideram senhores do mundo e são eles que nos domesticam... Para retomar sua ideia, se é que eu a entendi bem, o principal órgão da visão é o pensamento. Vemos com nossas ideias...

EDGAR MORIN

Os olhos obedecem com frequência a nossas mentes, mais do que nossas mentes aos nossos olhos.

BORIS CYRULNIK

E vamos recortar no real o que, previamente, nosso pensamento tinha a intenção de encontrar. O pensamento é, portanto, um organizador da percepção do real.

Você falou do incesto. É verdade que se trata de um conceito que permite categorizar, talvez até mesmo abusivamente, o homem e o ser vivo. Quando fazemos estudos das plantas com substâncias estabelecidas por marcadores radioativos, constatamos que os polens das plantas não vão fecundar as plantas próximas, mas aquelas que estão mais distantes. Já existe no nível biológico vegetal um mecanismo natural que permite misturar os programas genéticos. Se um programa genético se repete, ele acaba por rotinizar esse mesmo programa, o que pode ser uma facilidade ou uma economia de gestão no caso das plantas, dos animais e, talvez, também dos homens... Isso, porém, vulnerabiliza a espécie, pois uma variação ecológica insignificante poderá eliminá-la. Se um ser vivo, planta, animal ou homem, é muito especializado, ele realiza *performances* cada vez mais amplas e torna-se cada vez mais vulnerável, pois uma ínfima variação pode condenar a espécie inteira à morte. Aliás, essa é a razão pela qual 99% das espécies vivas que existiam originalmente hoje desapareceram. Em contrapartida, as espécies que persistem são justamente as neotênicas, que produzem o mesmo mecanismo no nível da mistura dos genes, dos encontros dos gametas em relação às espécies sexuadas. É essa combinação de operações que impele o ser vivo, animal, planta ou homem, de inventar um outro ser vivo, a partir de um mesmo programa genético. É dessa diversidade que nasce a diversidade da vida e, dado que os ambientes variam, a adaptação torna a sobrevivência possível.

EDGAR MORIN

Tudo isso confirma que o tesouro da vida e da humanidade reside na diversidade. De modo algum, a diversidade nega a unidade, aliás, é bom ficar atento para não se cair na alternativa. Ou se vê apenas a diversidade, como se fosse um catálogo, e se esquece da unidade, ou só se vê a unidade e, nesse caso, homogeneíza-se tudo e não se dá nenhuma importância à diversidade. A extraordinária riqueza humana é constituída por um tronco comum – que podemos denominar natureza humana – a partir do qual existem possibilidades inusitadas de diversidade individual, cultural, de língua. Lembro-me que no início da revolução verde, quando se pretendia racionalizar as culturas selecionando o genoma mais importante de trigo ou de arroz, bastava que um elemento patogênico atacasse esse genoma para que toda a colheita fosse perdida. Rapidamente retomou-se a ideia de que era necessária a diversidade genética. Hoje, um dos problemas ecológicos mais fundamentais para a biosfera é a avanço na direção da destruição da diversidade vegetal e animal. Percebemos claramente esse fato, por vezes até mesmo instintivamente, quando tentamos salvaguardar espécies em vias de extinção. Garantir a unidade da espécie respeitando sua diversidade não é apenas uma ideia essencial. Trata-se de um projeto.

3.

BORIS CYRULNIK

Triunfante e científico, o curso dos séculos XIX e XX chegou a criar objetos de laboratório puros, sem dupla injunção, sem paradoxo, ou seja, objetos fabricados para o laboratório e que não vivem senão no laboratório. O que caracteriza o domínio vivo é o paradoxo e a dupla injunção vital. Talvez seja isso o que nos permite evoluir, inovar. Se tomarmos o exemplo dos pares de opostos, não nos daremos conta de que na biologia e no próprio cérebro as estimulações ou as moléculas que provocam o prazer são muito próximas das estimulações e das moléculas que provocam o sofrimento. Em psicologia, sabe-se muito bem que, em relação a um sistema piloso, a uma palavra, a um olhar, passa-se da angústia ao êxtase, da melancolia à agitação eufórica, e o inverso também é verdadeiro. No domínio vivo, estamos, então, no fio da navalha. No laboratório, escolhe-se, fabrica-se, manipula-se um objeto, longas séries são feitas a partir dele...

O que permite ilustrar esse conceito é, talvez, a ideia da morte. Se tomarmos esse conceito no plano biológico, nos daremos conta de que o ser vivo organizado se desgasta e chega progressivamente à morte, ao fim do indivíduo, isso no sentido biológico do termo. Se deixarmos o laboratório de lado e repusermos essa aventura no domínio vivo, constataremos que o indivíduo pode morrer, mas a vida, não. A própria vida não para de se transmitir. É por isso que a morte e o amor – como dizem os romances água com açúcar – são biologicamente associados. Antes de meu nascimento, eu já existia nos gametas de meus pais; depois de minha morte, continuarei a existir nos meus filhos e, talvez, mesmo em duas ou três de minhas ideias. Dever-se-ia sempre observar o objeto vivo sob a forma de pares de opostos, o benéfico e o maléfico, o indivíduo morrendo mas transmitindo a vida. Chega-se, assim, a produzir objetos de observação totalmente diferentes. Em um laboratório, eu poderia estudar as *performances* intelectuais de uma criança e fabricar, então, um objeto puro, o que se denomina, por exemplo, de quociente intelectual. Esse momento só existe, porém, em um laboratório, no momento único em que eu o mensuro. Agora, se assumo uma atitude mais ampla, globalizante, e insiro a criança em seu contexto vivo, eu me dou conta de que ela pode realizar, em um dado momento de sua vida, uma *performance* lamentável porque ela é infeliz, porque seus pais morreram ou a maltrataram, porque ela tem um processo de inibição... Depois, se reaquecermos afetivamente essa mesma criança, depois de três semanas ela será capaz de realizar uma *performance* extraordinária. Remetido ao domínio vivo, o objeto muda completamente de descrição. Constata-se claramente que o laboratório que construiu um objeto puro nos ludibria, nos engana.

EDGAR MORIN

Estou inteiramente de acordo! Gostaria mesmo de insistir sobre a intimidade da relação entre os termos "vida" e "morte", dois termos profundamente antagônicos, mas, ao mesmo tempo, totalmente complementares, e não apenas da maneira à qual você se referiu. Creio que foi Heráclito[13], com sua formulação "viver de morte, morrer de vida",

13. Heráclito de Éfeso (540 a.C.-470 a.C.). Filósofo pré-socrático considerado o pai da dialética. O aforismo "Viver de morte, morrer de vida" é um paradoxo e constitui uma das referências filosóficas fundamentais do pensamento complexo. Edição brasileira: *Heráclito: Fragmentos contextualizados*. Tradução de Alexandre Costa. Rio de Janeiro: Difel, 2002. (N.T.)

quem enunciou essa relação paradoxal que hoje pode enfim ser elucidada. Por quê? Porque se sabe agora que o que diferencia uma máquina viva de uma máquina artificial é que uma máquina artificial, mesmo construída de peças extremamente confiáveis, começa a se degradar desde que começa a funcionar. Enquanto que o ser vivo, constituído de proteínas (o que há de menos confiável, pois as proteínas se degradam incessantemente), sempre reconstitui suas moléculas de modo pertinente; suas células morrem, mas novas células se reconstituem. O que é paradoxal é que o ser se rejuvenesce incessantemente. O processo humano não é um processo de degradação como o que ocorre com a máquina, é um processo de rejuvenescimento que, de resto, se acompanha de um outro sistema de regeneração. Efetivamente, a cada respiração eu utilizo o oxigênio que desintoxica minhas células; o batimento de meu coração é a bomba que efetiva a circulação do sangue oxigenado e a rejeição do sangue intoxicado. A vida é um processo contínuo de rejuvenescimento. Por que morrer de vida, segundo a formulação de Heráclito? Porque é matando que incessantemente se rejuvenesce! A partir de um dado limite, no longo prazo, não se pode mais! No fundo, os indivíduos morrem, mas, graças à cultura, todo o saber se encontra disseminado nas novas gerações. Uma sociedade vive da morte de seus indivíduos. E os famosos ciclos tróficos, ecológicos e alimentares são ciclos de morte. O herbívoro que come a erva deixa-se efetivamente matar pelo pequeno carnívoro que vai se deixar matar pelo grande carnívoro que, ao morrer, torna-se um alimento suculento para os insetos e para os vermes de todas as espécies que vão alimentar-se de bactérias, enquanto os sais minerais vão ser reabsorvidos pelas raízes das plantas: o ciclo de vida é, simultaneamente, um ciclo de morte!

Nesse domínio, também nossa lógica unilateral e linear é totalmente insuficiente. Mas isso não impede que, mesmo sendo duas colaboradoras perfeitas, sejam duas inimigas. Por isso, fiquei muito atraído por um axioma de um especialista em termodinâmica de origem russo-austríaca. Trincher[14] afirmava que a vida não pode existir senão na temperatura de sua própria destruição. Assim, para ser vivo, não podemos ser líquidos, pois nesse caso deixaríamos lenta-

14. Referência a K. S. Trincher, físico. Notabilizou-se pelo importante livro *Biologia e Informação: elementos de termodinâmica biológica*, publicado em 1965. (N.T.)

mente de existir, nem muito sólidos, pois nesse caso a leveza nos faltaria. Aliás, foi essa a ideia que retomei no plano do pensamento, afirmando que o verdadeiro pensamento não pode formar-se a não ser na temperatura de sua própria destruição. Nesse momento, não existe apenas essa relação que associa amor e morte, existe também uma relação antagônica: o amor é a única força que pode se opor à morte.

BORIS CYRULNIK

Você disse que a sociedade vive da morte de seus indivíduos. Não se pode dizer, igualmente, que uma sociedade vive da morte de suas teorias? Pois o meio mais certo de assassinar uma ideia é venerá-la. Ao repeti-la infinitamente, a ideia transforma-se em estereótipo, pode-se recitá-la pensando no último jogo França x Inglaterra! Ao contrário disso, fazer viver uma ideia é debatê-la, combatê-la, chegar mesmo a matar certos elementos que a compõem! De todos os modos, sabemos que as causalidades lineares são abusivas: somos nós que as fabricamos por dar ao mundo uma visão redutora e, portanto, repleta de segurança. A partir do instante em que temos uma certeza, a certeza é o melhor dos tranquilizantes: nos dias atuais, conhecem-se os efeitos dos tranquilizantes, eles fazem dormir e entorpecem o pensamento. É por isso que uma pequena angústia, um pequeno debate, a condenação à morte de uma ideia, mesmo que em pequenas proporções, permitem criar uma nova ideia, permitem que uma nova teoria viva e nasça. O mesmo argumento vale para o homem! Quando nossos filhos vêm ao mundo, por que lhes são necessários de 20 a 30 meses para aprender a falar nossa língua? Na verdade, existe uma gênese prévia que os prepara para a língua. Quando chegam à língua, nascem para um outro mundo, anteriormente estruturado pelas narrativas de sua família. E, quando se envelhece, e isso geralmente acontece na terceira idade, chega-se a compreender o sentido de nossos esforços, e esse sentido pode, então, transformar-se em uma narrativa. Nesse momento, ocorre algo importante: passa-se a bola para outros que construirão novas teorias. É evidente que, se quisermos viver, teremos de estar voltados para o debate e para o combate.

EDGAR MORIN

É isso mesmo... Aliás, eu tentei estabelecer uma concepção das ideias fazendo a diferença entre teoria e doutrina.

Denominei teoria um sistema de ideias que se alimenta da abertura com o mundo exterior, seja refutando os argumentos adversos ou integrando-os se forem convincentes; seja aceitando o princípio de sua própria morte, de sua própria biodegradabilidade se, por exemplo, os acontecimentos negam a teoria. De resto, é o que acontece nas ciências, porque existe uma competição nas teorias: quando surge uma nova teoria mais completa do que a antiga, a antiga aceita sua morte. Uma doutrina é uma teoria, mas ela é fechada em si mesma. Realimenta-se incessantemente da referência aos pensamentos de seus fundadores, considerados infalíveis, do tipo "Marx disse", "Freud disse", referências a um texto canônico, bíblico, etc. Essas referências pretendem ser uma confirmação permanente da ideia quando algo parece contradizê-la, quando a realidade cria um obstáculo. É claro que as doutrinas podem viver por um tempo bastante longo, pois elas se blindam. Ocorre muito frequentemente que as doutrinas perdurem por séculos, pois só se pode verificá-las depois da morte: o paraíso, o inferno, a promessa de Deus, etc.

Mesmo no plano das ideias sociais e políticas, por quanto tempo as teorias perduram, mesmo que, de muitas maneiras, se tenha demonstrado sua falsidade? E por quê? Porque as doutrinas satisfazem desejos, aspirações, necessidades. Veja o caso do marxismo em suas formas vulgares: rapidamente foi demonstrado que suas previsões referentes às classes médias e ao proletariado eram falsas. Entretanto, o marxismo renascia, pois correspondia a uma promessa, escondia uma religião. Foi preciso esperar a implosão da União Soviética para que esse marxismo ruísse. Na sociologia, você também se depara com teorias ineptas que podem durar 40 anos... Na verdade, penso que deveríamos viver com teorias e não com doutrinas, ou seja, com ideias nas quais acreditamos, mas das quais não possuímos nenhuma certeza absoluta. Podemos estar totalmente certos de um fato, mas o que existe no plano das teorias, sejam elas físicas, do conhecimento, da política, da humanidade, é a incerteza... Pascal nos legou um exemplo disso ao afirmar que não se podia provar a existência de Deus – o que existia de mais sagrado para ele. Pascal desafia, e acredito que fazemos o mesmo em relação a nossos valores, valores estes que desconhecemos se vão ou não realizar-se aqui na Terra. Estou convencido de que se pode e se deve conviver com a incerteza. A vida é uma navegação num oceano de incerteza, através de arquipélagos de certeza. Estamos em uma aventura coletiva desconhecida, mas cada um vive sua própria aventura. Cada um de nós está certo de sua própria morte, mas ninguém conhece a data ou as circunstâncias em que ela ocorrerá. Que fique bem entendido, corremos o risco de mergulhar na angústia. No meu entender, a resposta à angústia é a comunhão, a comunidade, o amor, a participação, a poesia, o jogo... todos esses valores que constituem a própria tessitura da vida. A questão é a seguinte: estamos em uma época histórica na qual a humanidade pode, enfim, assumir seu destino – quer dizer, seu destino de viver uma aventura desconhecida – ou, então, teremos sempre necessidade de mitos consoladores e de fantásticas ilusões aos quais nos apegar?

BORIS CYRULNIK

Com efeito, afirma-se frequentemente que as teorias são muito coerentes para serem honestas, que os cientistas eliminam as flutuações. Quando se faz uma teoria muito coerente, ela está desadaptada do real e não pode mais evoluir. É nas asperezas de uma teoria que se encontra o elemento inesperado que vai permitir inventar uma nova teoria. Retomando o que você disse sobre o mundo da certeza e da incerteza, parece-me que, quando uma teoria torna-se muito coerente, perde sua função de pensamento; claro que ela serve para unir, mas não para pensar. A partir do momento em que cientistas, políticos, filósofos, etc. repetem e professam a mesma teoria, eles se adoram mutuamente, mas odeiam os que são adeptos de uma outra. A teoria assume uma função de clã e não mais de pensamento. Esse uso da teoria me parece muito perigoso, pois ela suprime o embate. Essa atitude teórica demasiado coerente vai reagir pela excomunhão, pela deportação, pela reeducação: expulsa-se o intruso para impedi-lo de assumir uma cátedra, de fundar sua revista, tal como se passa no mundo científico, filosófico, político e, talvez, no mundo humano nos dias atuais.

Tratando-se da nova humanidade, é verdade que tínhamos a impressão de que a condição humana era uma aventura, pois estávamos convencidos de nossa morte iminente, de nossa furtiva passagem na Terra. Isso não era senão uma representação do mundo. As sociedades e as culturas que, por exemplo, refletiram sobre a metempsicose produziram muito poucos racismos, e isso porque os homens empenhavam-se em se colocar no lugar de um outro ser vivo. Esse descentramento de si mesmo fornecia uma pequena incoerência à teoria... Esse empenho em se colocar no lugar de um outro é o que os filósofos denominam empatia. Trata-se de um conceito que creio ser muito útil, mas que, de qualquer modo, deveria ser renovado, sobretudo diante das circunstâncias políticas que estão em vias de se esboçar. Colocar-se no lugar de um outro implica ir em direção de um novo continente mental, de uma maneira de pensar, de uma nova maneira de ser homem. Assumir essa nova situação é algo fundamental. Trata-se de arriscar tudo numa única cartada. Enriquecemo-nos abrindo nosso mundo ou construindo uma teoria coerente e, a partir daí, desqualifica-se, excomunga-se, exclui-se. Essa nova humanidade que está começando a nascer deve ser uma humanidade baseada no debate. Isso é muito fatigante, mas muito apaixonante, é a fonte da vida.

EDGAR MORIN

Com efeito, trata-se de um ponto capital, o que eu denomino a diferença entre a racionalidade e a racionalização.

Elas têm a mesma origem, quer dizer, a necessidade de ter uma concepção coerente da realidade. Só que a racionalidade significa que não se pode ter uma coerência absoluta – existe algo que resiste à realidade. Como Shakespeare afirmava, "*existem mais coisas no céu e na terra do que em toda nossa filosofia*", e, claro, em toda nossa ciência. No fundo, toda vontade de ter uma teoria totalmente coerente realiza-se na perda de seu contato com o real, na sua esclerose e no seu endurecimento. A racionalização torna-se, então, um mal terrível, isso porque o espírito racionalizador se crê racional e acredita que os outros sejam delirantes. Essa loucura tipicamente ocidental da racionalização existe mesmo. Durante um certo tempo, quando havia um atentado, dizia-se: "Não se sabe ainda nada sobre isso, trata-se de um ato isolado de um louco isolado ou de um ato político". Dito de outro modo, trata-se de um ato de um grupo que tinha um delírio. Racionalizar não era um ato louco. Hoje devemos saber que é racional conhecer os limites da razão. É necessário ter uma atitude de compreensão para com o outro, saber que os infelizes que são levados por delírios ideológicos são verdadeiramente possuídos, não sabem o que fazem. Introduzi essa ideia, do mesmo modo que você esboçou a noção de metempsicose, noção esta que nos remete ao Buda e a seu principio de compaixão, de sofrer junto, de ter o senso do sofrimento não apenas humano, mas do mundo vivo. O mundo do Ocidente não compreendeu isso; Jesus, entretanto, disse algo semelhante àqueles que o crucificavam: "Eles não sabem o que fazem".

BORIS CYRULNIK

Os delirantes afirmam sempre que é preciso ser louco para não ver o que eles veem. Os únicos a terem certezas são os delirantes. A evidência é, certamente, a maior armadilha do pensamento. A partir do momento em que alguém duvida, esse fato me tranquiliza. Você fez uma distinção que me agrada bastante, entre racionalização e racionalidade. Os filósofos fizeram com que acreditássemos que o pensamento podia ser abstraído do corpo e ser completamente independente de nossas emoções. Os trabalhos atuais dos neurologistas e dos neurobiólogos mostram muito claramente que um acidente (ou uma experimentação) no cérebro que provoca alteração na natureza da emoção muda completamente a teoria do mundo. É o que afirmava Freud que, de qualquer modo, desempenhou um papel importante em nosso pensamento. Racionalização foi o nome que ele deu a esse processo, ou seja, a forma coerente dada pelo pensamento, que serve unicamente para justificar nossas emoções. Trata-se de algo importante, pois, desde o momento em que uma teoria é coerente, pode-se perceber um mundo coerente, perceber e agir, coexistir e habitar o mundo.

EDGAR MORIN

É isso que é interessante: é por razões irracionais que nós racionalizamos...

BORIS CYRULNIK

Concordo integralmente com você! De fato, não se sabe por que se tem a necessidade dessa racionalidade e dessa coerência. Mas é necessário saber que essa coerência é, talvez, resultado de uma estimulação do cérebro. Os animais vivem em um mundo muito mais contextual do que o do homem, e isso porque eles não vivem no mundo do signo, da palavra, da narrativa. Quanto ao homem, ele vive essencialmente em um mundo da narrativa, do virtual, da abstração, das leis matemáticas. Nossas emoções têm um pé na matéria cerebral. Se eu estimulo o rinencéfalo, o centro do olfato[15], das emoções e da memória, ou se eu faço a ablação de meu lobo pré-frontal, passo a ter uma representação do mundo completamente diferente. Em minhas emoções de homem tenho, então, um pé na matéria cerebral, mas um outro pé nas narrativas estruturadas ao meu redor por minha cultura, minha família, meus amigos, meu grupo. Essas narrativas, essas representações verbais artísticas vão também desencadear emoções em mim. E passa-se a compreender melhor os nascimentos sucessivos do homem que você esboçou momentos atrás.

EDGAR MORIN

Vou acrescentar algo. A dúvida não é algo que possa ser isolado, que exclua a fé. Na verdade, aqueles que creem não podem eliminar a dúvida. E nenhum cético pode eliminar uma fé: ela tem todas as oportunidades de aparecer em momentos de fraqueza. Penso que hoje devemos

15. No original, *cerveau du nez*. Cyrulnik refere-se aqui à porção do córtex cerebral dos vertebrados que constitui uma "espécie de cérebro" que inclui o bulbo olfativo e a sensibilidade olfativa. (N.T.)

aceitar que nossas "fés" dialoguem com nossas dúvidas. No mundo animal, o desenvolvimento da inteligência caminha junto com o desenvolvimento da afetividade. É necessário afirmar também que essa afetividade embaralha o entendimento, nos torna idiotas, cegos. Sem ela, porém, não teríamos nossa inteligência, nossa sede de conhecer, a aptidão para pesquisar o mundo. É necessário parar de dizer que a inteligência deve construir-se em detrimento da afetividade!

4.

EDGAR MORIN

Gostaria de retomar o fato de que devemos aceitar a dúvida, mas que podemos muito bem combiná-la com a fé, uma vez que se entenda que essas duas noções podem não apenas coexistir, mas dialogar uma com a outra. A fé corresponde a nossos ardores, a nossas necessidades, a nossas aspirações. E é certamente nosso destino sermos seres que se alimentam tanto da dúvida quanto da fé. Queria igualmente retornar a essa ideia de que não podemos dissociar racionalidade, ou melhor, inteligência de afetividade. Toda a história do desenvolvimento de nossos ancestrais e de nossos primos, os mamíferos, demonstra com efeito que a inteligência e a afetividade crescem na mesma proporção, uma com a outra. Lembremo-nos das discussões provocadas pela teoria de MacLean[16] sobre os

16. Paul MacLean (1913-2007), físico e neurocientista. A partir de 1971 assumiu a direção do Laboratório de Comportamento e Evolução do Cérebro, em Maryland, Estados Unidos. (N.T.)

três cérebros – que ele denominou o cérebro triúnico do ser humano. Esse cérebro contém em si mesmo o cérebro reptílico (sede da agressão), o cérebro dos antigos mamíferos (sede da inteligência e da afetividade) e, por fim, o neocórtex (sede das operações consideradas como racionais). A partir de MacLean, não existe supremacia do lado racional sobre a afetividade, mas hierarquias em permanente permutação, na qual nossos instintos mais bestiais vão controlar nossa inteligência a fim de realizar suas finalidades. Assim, a racionalização produzida em Auschwitz – a indústria da morte humana – é um empreendimento de destruição que faz uso das potências dos poderes racionais e técnicos do espírito humano. Nossa razão não controla nossa afetividade e pulsões mais profundas. E, efetivamente, esse desequilíbrio constante é, simultaneamente, fonte do que existe de mais terrível (destruição, assassinato) e do que existe de mais belo (invenção, criação, poesia, imaginação). Se a racionalidade controlasse tudo, não haveria mais inventividade na espécie humana... Não resta dúvida de que é preciso regular essa máquina cerebral para que ela não venha a se tornar demente. Observe certas circunstâncias críticas, como o que ocorreu em

Ruanda, onde duas populações que coexistiam de modo pacífico passam a exercitar uma inusitada violência... Em um dado momento, em uma dessas populações e, depois, em outra, desencadeia-se um delírio assassino terrífico. Certas condições culturais e sociais liberam os monstros que o ser humano carrega consigo. Penso que a regulação possa advir de dois lados, de uma parte da sociedade, de outra parte de nossa capacidade individual de exame e de autocrítica. Isso pressupõe uma imensa reforma do ensino, e isso desde as primeiras séries, que aprenderiam a conhecer a si mesmas. Uma das maiores carências dos dias atuais é que se relegou à literatura o que denominamos introspecção. Ler Montaigne[17] é praticar uma higiene mental, é auto-observar-se, refletir sobre o papel da civilização, criar barreiras que impeçam a violência. Estamos diante de um problema muito ambíguo: não podemos esperar pelo reino soberano da lógica, não somos computadores. Mesmo se os computadores sempre adquirissem qualidades novas, eles não teriam nem

17. Michel de Montaigne (1533-1599). Referência aos *Ensaios*. Edição brasileira: *Ensaios*. Tradução de Rosemary Costhek Abílio. São Paulo: Martins Fontes, 3. v., 2000/2001. (N.T.)

experiências vividas, nem sentimentos. É tudo isso que não podemos dissociar de nossa inteligência.

BORIS CYRULNIK

Paul Valéry afirmava que a ordem e a desordem eram os dois maiores perigos que ameaçavam o homem. Perde-se a coerência, fica-se confuso, joga-se em todas as direções, não se pode mais conceber nada. Uma ordem se faz, então, necessária, mas não apenas ela, pois a ordem se petrifica, transforma-se em doutrina e acaba por desadaptar-se do mundo vivo... até o momento em que um golpe certeiro a faz desaparecer! Ordem e desordem, estamos na verdade diante de duas forças opostas que devem juntar-se para funcionar em conjunto. E o que caracteriza a maravilha e, ao mesmo tempo, a tragédia humanas é que o homem talvez pertença à única espécie capaz de transgredir as leis naturais. Assim, pelo fato de nosso cérebro nos tornar capazes de descontextualizar totalmente uma informação, de viver, portanto, em um mundo constituído exclusivamente de representação, nós nos apartamos desses mecanismos reguladores da ordem e da desordem. Vê-se esse processo, por exemplo, em tudo o que diz respeito ao tempo. Durante muitos anos, acreditou-se que o tempo era uma noção filosófica, mas agora descobre-se que o tempo pode ser também uma noção biológica. Os neurobiólogos nos ensinam que, quando ocorre um seccionamento do lobo frontal ou uma alteração dos tubérculos mamilares, os indivíduos não percebem senão o presente, vivem uma sucessão de presentes. Nesses locais cerebrais não existem mais conexões com a memória, nem possibilidade de antecipação. O efeito benéfico dessas lobotomias é que a angústia deixa de existir, porque não há mais sofrimento passado, nem o medo do futuro. Mas o efeito maléfico é que não se pode mais atribuir sentido, esquece-se de onde se vem e não se procura mais saber para onde se vai. Isso cria cenários comportamentais bastante estranhos. A ordem reina, não existe mais angústia, não existem senão estereótipos...

Retornemos à condição humana: a linguagem desencadeia nossas emoções e nossas representações do tempo porque somos capazes de viver em um mundo da narrativa. Isso implica dizer, por exemplo: "Minha vida mudou no dia em que minha mãe me disse que eu não era sua filha". Esse enunciado muda radicalmente todas as emoções, não exclui mais nada, mas inclina-se sobretudo para um nascimento suplementar constituído pelo mundo das palavras, das narrativas. É nesse momento que se vai experimentar as emoções, enraizar bases comportamentais... Quando eu era menino, me lavava na pia diante de meu pai. Depois, um dia, minha mãe me disse que aquele senhor não era meu pai. Desde esse dia, eu não pude mais me lavar na pia diante dele porque aquele senhor não era meu pai, mas nada mais do que um homem. O simples enunciado de uma frase mudou, então, radicalmente, num átimo de segundo, o mundo das emoções, das representações e dos comportamentos que se enraizavam em mim.

EDGAR MORIN

É preciso adotar essa noção da superação de Hegel, que disse que o que é superado deve ser conservado. Superar não é esquecer e nem destruir. É integrar. Sem dúvida, passamos de um nível a um metanível, de um metanível a um outro metanível, mas tudo o que foi englobado permanece presente. Não é necessário esquecer que trazemos em nós as primeiras células que apareceram na face da Terra, pois é do produto de sua multiplicação que se originaram todos os seres vivos e, claro, nós mesmos.

Dito isso, creio que um acontecimento muito importante ocorreu há cerca de 20 anos – a falência do reino da ordem. Apesar de tudo, tratava-se, entretanto, de uma grande presunção, uma debilidade do pensamento científico ocidental imaginar que o mundo era uma máquina determinista perfeita, que tudo era regulado como e até melhor do que os mecanismos de um relógio! O determinismo reinava por toda parte: até mesmo os acidentes históricos eram considerados epifenômenos sem significação. Felizmente a desordem irrompeu na termodinâmica, na microfísica. Passamos a nos dar conta de que na história humana havia também o ruído e a violência. Percebeu-se que os acontecimentos que sempre possuem uma dimensão aleatória desempenham um papel. Compreendemos que nosso pensamento deve funcionar fazendo um jogo entre a ordem e a desordem. A pura desordem é a dissolução geral, e a pura ordem, o congelamento geral. Em essência, essa é a frase de Valéry que você citou anteriormente e, sem sombra de dúvida, para nós humanos, a ordem e a desordem são dois fluxos, com todos os riscos que a liberdade engendra. Liberdade significa autonomia, capacidade de iniciativa e de criação, mas também capacidade de crime. É evidente que não podemos desejar a liberdade senão quando os espíritos livres possuem em si mesmos, e de modo muito interior, o sentimento de comunidade. Se esse sentimento é inexistente, a liberdade tende a se tornar mais destruidora do que produtora. Pode-se, aliás, perguntar o sentido da definição de uma sociedade complexa. Trata-se de uma sociedade com constrições muito fracas, na qual os indivíduos e os grupos teriam muita autonomia e muita iniciativa. No limite, porém, poder-se-ia afirmar: uma sociedade muito complexa se dissolveria, pois não haveria mais nada que religasse os indivíduos uns aos outros, o que, no final das contas, seria a mais pura desordem! Se quisermos que a complexidade exista no plano humano com o mínimo de coerção, não podemos nos apoiar senão no senso de solidariedade e de comunidade que existe em cada um de seus membros. Sem isso, é a destruição.

BORIS CYRULNIK

É evidente que, no plano do indivíduo, o meio mais adequado é construir uma narrativa íntima. "Eu vivenciei esta ou aquela provação." Nossa história e nossa identidade são construídas a partir disso. Portanto, os acontecimentos citados por você e que constituem nossa identidade são acontecimentos selecionados, tornamo-nos sensíveis a eles – uma vez que numa biografia nem tudo é reduzido a acontecimentos. Pode-se perguntar, então, por que razão alguns dentre nós são sensíveis a um tipo de acontecimento e outros a um outro tipo de acontecimento. Com efeito, anteriormente, fomos sensibilizados por um fato ou ato real, provavelmente afetivo, do qual não se tomou consciência, uma percepção sem representação em imagens ou em palavras que, entretanto, nos moldou. Em seguida, esses acontecimentos foram ordenados em narrativas e tornamo-nos "aquele que". Constrói-se nossa identidade, enquanto, provavelmente, a seleção dos acontecimentos que nos construíram é uma produção feita por nós mesmos e não forçosamente um ato real. Se retomarmos nossa atitude perante o mundo vivo – é isso que se está tentando fazer desde o começo de nossas conversações –, a questão é saber o que um acontecimento pode fazer por um animal. Na verdade, isso depende muito de seu programa genético. Um raio ultravioleta em um mundo de tubarão não tem sentido algum, pois ele não é nem percebido nem representado. Ao contrário disso, no mundo das abelhas, o ultravioleta diz alguma coisa, ele é um acontecimento. Para um bebê ocorre o mesmo: o que pode constituir um acontecimento no mundo de um bebê? O rosto materno e as informações sensoriais que a mãe possui, a voz, o odor; todo esse mundo não é incoerente e, desde o nascimento, ele é, ao contrário, formado pela sensibilidade do bebê. Pode-se, assim, continuar na gradação: o que constitui um acontecimento numa sociedade? Basta que alguém mude o discurso social. E o que o discurso social faz? Um dia alguém chega e diz: "É isso aí, a partir de hoje a realeza não existe mais". Muito rapidamente, o rei desaparece porque ele não existe mais, e a sociedade se dispõe a funcionar de outro modo... mas você sabe o que o discurso social faz?

EDGAR MORIN

No caso da França, retomando seu último exemplo, posso dizer que isso, de fato, não começou com alguém dizendo "a realeza não existe mais". Em 1789 não existiam republicanos, mas indivíduos que tinham aspirações democráticas, que queriam abolir os privilégios aristocráticos, etc. Por intermédio de uma cadeia de acontecimentos históricos (a fuga do rei, a declaração de guerra à França revolucionária, a cumplicidade e a prisão do rei, seu julgamento, sua condenação, sua execução), um destino se cumpriu – a transferência da soberania do rei para o povo. Assim, no espaço de alguns meses, por meio de uma verdadeira aceleração da história, o país tornou-se republicano.

Penso que tudo sempre começa por um desvio. Você tem uma primeira mensagem isolada que ecoa em alguns seguidores esparsos. Se essa mensagem não é eliminada imediatamente, ela vai poder começar a se desenvolver em condições favoráveis, por vezes extremamente lentas. Foram necessários mais de três séculos para que o cristianismo se difundisse e se transformasse numa religião oficial! O socialismo, que se expandiu no século XIX, precisou de várias décadas para se transformar numa força histórica. Tudo começa por um desvio que, em certas condições históricas, transforma-se numa tendência. Nesse momento, o mais homogêneo dos discursos cai em pedaços e passa a ser substituído por um novo discurso, que por vezes integra os pedaços do antigo. É claro que, mesmo assim, é preciso abandonar uma visão unilinear da história. Acreditava-se que a história avançava como um rio majestoso, uma geleira. Na realidade, a história progride como um caranguejo, de forma desordenada e dissidente. Parasitas destroem o curso social, comem seus pedaços, integram neles um certo número de usos e logo constituem a espécie dominante. É por essa razão que o futuro do mundo é incerto.

BORIS CYRULNIK

É necessário continuar dialogando! Há, enfim, um ponto de desacordo para debater. Você me explicou que uma sucessão de acontecimentos cria um novo discurso social. Esse novo discurso vai, então, mudar as representações, os comportamentos das organizações sociais. Compreendo bem seu argumento, mas permita-me citar um exemplo que merece ser refletido. Na Romênia, o homem que detém o poder anuncia que o feto pertence ao Estado. Esse enunciado feito por um único homem está completamente fora de qualquer norma cultural, de qualquer contexto científico, médico, etc. Ele simplesmente organiza os limites, as instituições, o regulamento e produz o que esse homem pensou. As mulheres são, então, obrigadas compulsoriamente a colocar crianças no mundo (até sua roupa de cama é vigiada), mas como o Estado não pode garantir o seu desenvolvimento, as crianças irão morar no orfanato, um mal menor em relação à sociedade. Tendo afirmado, portanto, que o feto pertence ao Estado e não às mães, às famílias, aos grupos sociais, essas crianças transformam-se em monstros. Ninguém fala com elas, lança-se nelas um jato de água uma vez por mês, uma gamela diária de comida lhes é dada: a consequência de tudo isso pode até mesmo ser anatômica. A maioria dessas crianças não tem acesso à linguagem porque ninguém lhes dá carinho; a secreção dos hormônios do crescimento cai brutalmente e quando chega a época da puberdade não se pode ver a diferença entre um menino e uma menina. Esses monstros são a consequência do pensamento de um único homem, pois todos os comportamentos são efetivados em torno desse pensamento. Esse argumento que se espalha entre nós é verdadeiramente o argumento em forma de gradiente Um homem no poder pensa, os limites se organizam e, por intermédio da cadeia de interações, chega-se ao tipo morfológico de uma criança em tenra idade, portadora de uma não diferenciação sexual. O ponto de partida que provocou toda uma cadeia de interações transformou-se numa modalidade de discurso.

EDGAR MORIN

É extremamente importante indicar a possibilidade de efeitos em cadeia, insuspeitados e insuspeitáveis. Os meteorologistas falam do "efeito borboleta" – um batimento de asas de borboleta na Austrália pode provocar um tornado na Flórida. No seu exemplo, temos algo que demonstra que o poder supremo que caracterizou esse homem, seu capricho, sua asneira podem criar um estado de coisas que vai repercutir nas gerações futuras. Quando se está no ápice de um poder, um capricho pode provocar consequências terrificantes! Quando desencadeou sua revolução cultural, talvez Mao não satisfizesse a um capricho infantil, mas a um desejo de se desfazer de alguns de seus colegas do Comitê Central do Partido – e causou, ao que parece, 20 milhões de mortes. Na verdade, o grande problema reside no seguinte: no plano da ideia, os efeitos de uma ação ultrapassam as intenções daquele que desencadeou essa mesma ação. Encontrei recentemente meu amigo Labeyrie[18], geólogo e vulcanólogo, que me falou so-

18. Antoine Émile Henry Labeyrie (1943). Astrônomo. Desde 1991, chefia a cadeira de Astrofísica Observacional no Collège de France, Paris. (N.T.)

bre a seguinte hipótese: o vento tropical do Vietnã provoca erupções vulcânicas na Itália – as chuvas mais abundantes são as que caem na península sul-asiática, um metro de erosão a cada cem anos; a longo prazo, uma vez que os continentes flutuam, a Ásia do leste tende a se elevar e a Turquia a se rebaixar, o subsolo se expande na direção da Grécia e, depois, na direção do sul da Itália. Verdadeira ou não, essa hipótese requer que nos detenhamos nela, pois em quantos outros tantos casos não nos defrontaremos com consequências totalmente inesperadas? Isso faz parte da incerteza na qual estamos mergulhados.

BORIS CYRULNIK

Como Darwin afirmava, estamos todos reunidos em um todo, apenas as palavras dividem os pedaços do real, o que é algo irreal.

5.

EDGAR MORIN

Eu me pergunto se certas pessoas que nos leem podem ter a impressão de que o que fazemos é um diálogo desordenado, que incessantemente passa de um tema para o outro. Acredito que isso corresponde também à forma de organização de nossas mentes. Na verdade, somos tentados a ver as ligações, e não apenas as distinções. Se falamos de inteligência humana, precisamos referi-la ao que era a inteligência animal, não apenas para identificar a continuidade, o desenvolvimento, mas também a mutação que a linguagem ou a consciência humana traz. Passa-se dos temas políticos aos temas éticos. No plano da ética, creio que não se pode deduzir uma ética a partir de um conhecimento, mas enriquecer a ética a partir dos conhecimentos. Por exemplo, é certo que os conhecimentos trazidos pela ecologia sobre as degradações que ocorrem em nossa biosfera podem alimentar nossa ética, que deseja que a vida humana possa continuar.

Tomemos o exemplo político da democracia. Mas o que é democracia? Ela se compõe de muitos elementos. São as liberdades públicas, as separações do poder, as eleições, as maiorias que assumem um governo... Uma democracia supõe e requer pontos de vista diferentes, ideias que se confrontam. Não se trata apenas da diversidade, mas da conflitualidade. Porém, a grande diferença com os conflitos físicos – que terminam com destruições e mortes – é que a democracia é um modo de regulação do conflito por intermédio de combates verbais, parlamentares ou outros, com um certo número de regras às quais se deve obedecer. Nesse plano, também redescobrimos o problema do valor da diversidade a que já nos referimos, no que diz respeito aos seres vivos, às colheitas agrícolas, à biosfera, à cultura. Enfrento esses problemas fundamentais enfatizando a necessidade de uma circulação entre os conhecimentos. No meu entender, denomino cultura a possibilidade de garantir essas circulações. O que era cultura no sentido clássico do termo? Os indivíduos cultos não se alimentavam apenas de filosofia, de literatura, de poesia, das belas-artes, mas tentavam sobretudo integrá-las em sua vida. Dito de outro modo, quando você lê Montaigne, Molière[19] ou La Rochefoucauld[20], tenta integrar na sua vida e em seu pensamento ideias ou conhecimentos sobre o homem, a natureza, a sociedade. Não resta dúvida de que não se pode ter tudo em sua cabeça, mas se pode fazer com que o saber circule. Penso que realizar um trabalho cultural implica dar ao cidadão a capacidade de quebrar, transgredir as fronteiras e os compartimentos cada vez mais fechados que existem entre os diferentes domínios do saber.

BORIS CYRULNIK

Prossigamos com seu argumento, retomando o conceito que eu havia proposto de empatia: atitude de se colocar no lugar do outro. Constata-se que essa atitude aparece progressivamente no mundo vivo e é claro que o homem a possui em seu maior grau. A ideia que adianto aqui é a seguinte: essa atitude é talvez a única que temos e

19. Jean Baptiste Poquelin, conhecido como Molière (1622-1673), fundador indireto da Comédie Française. (N.T.)

20. François de La Rochefoucauld (1613-1680). Seu livro mais famoso é *Reflexões ou sentenças e máximas morais*, publicado em 1664. Sua obra exerceu influência nos pensamentos de Friedrich Nietzsche e Émile Cioran. (N.T.)

que pode verdadeiramente fundar uma moral. Quando eu era pequeno, alguns milhares de anos atrás, estava totalmente submetido ao contexto. Possuía antenas e, se eu percebesse uma molécula de feromônio da fêmea escolhida, bingo!, eu me dirigia para ela. A vida era bela, eu não tinha senão certezas e nenhuma dúvida. Depois, quando eu fui uma rã e me transformei num anfíbio, comecei a processar informações cada vez mais afastadas do meu corpo e pude igualmente chegar às percepções do corpo e às emoções do outro. Em contrapartida, enquanto homem, pertenço à única espécie viva capaz de simbolizar para mim mesmo as representações do outro. Sou, então, forçado a partir na direção da descoberta do mundo mental do outro, de suas teorias, de suas representações e de suas emoções. Sou, então, forçado a não viver mais em um único mundo – se fizer isso, transformo-me em ditador – e se, por infelicidade, o poder político me for concedido, posso impor minha visão de mundo, que vai destruir a sociedade em nome de uma visão coerente, que é a minha. O que significa, no fundo, que a empatia propõe talvez a única justificativa moral para se viver junto. Essa moral fundada no prazer, no desejo de descobrir teorias e representações dos valores do outro, opõe-se às morais perversas.

Nos dias atuais, diante desse retorno visível da moral, é preciso saber que grandes perversos são grandes moralizadores. Sade escreveu *Justine*[21], um discurso moral: Quando ele acorrenta pajens a colunas é para praticar uma ampla variedade de atos sexuais e, ao mesmo tempo... realizar cursos de economia política! Jean-Jacques Rousseau, que não podia sentir prazer a não ser quando batia em suas próprias nádegas, era um grande moralizador. Existem morais perversas; os sádicos se utilizam, na maioria das vezes, do regulamento para submeter o outro: "O regulamento é assim mesmo, você não pode fazer de outro jeito, você fará o que eu lhe digo, porque a lei é assim, etc." Existe, enfim, por parte dos perversos uma grande estratégia que faz com que possamos nos esconder muito bem ao ficar na luz. Com efeito, é frequente que, nos grupos de defesa moral, nos quais todos vão se

21. Marquês de Sade. *Justine: os infortúnios da virtude*. Tradução de D. Accioly. Rio de Janeiro: Saga, 1968. (N.T.)

proteger, se encontrem os maiores perversos. Creio que, se existe uma única verdade, ela não pode ser moral, ao contrário, ela é criminosa. Os grandes crimes contra a humanidade foram perpetrados em nome da purificação. "Não existe senão uma única maneira de ser homem biologicamente, em nome de uma única teoria... não há senão uma teoria, que é a minha." Todos os grandes crimes conta a humanidade foram cometidos em nome da verdade. A verdade exclusiva e única.

EDGAR MORIN

Estou inteiramente de acordo com você e, antes de reafirmar isso, gostaria de voltar ao exemplo da borboleta... A borboleta não é apenas prisioneira do contexto, ela é prisioneira de seu programa genético. Essa maneira de ser prisioneira lhe confere, ao mesmo tempo, a disposição natural de operar sua metamorfose no interior da crisálida. Nesse momento, uma máquina põe-se em marcha: em vez de protegê-la, seu sistema imunológico provoca sua autodestruição. Nessa autodestruição, porém, a borboleta vai nascer, ou seja, ela é a mesma, mas é outra... Nós, pobres humanos, vivemos agora em uma época em que identificamos muitos fatores de destruição e de decomposição, sem mesmo saber se isso anuncia uma recomposição ou outra coisa qualquer. Não temos mais em nossos genes a chave para o mundo do futuro: o problema instala-se agora em nossas consciências, nossas vontades, nossas inteligências. Trata-se de um problema de inteligência, mas também, como você disse, de um problema de empatia. O que é empatia? No fundo, ela é um processo de projeção e de identificação. Projeto-me no outro e esse outro identifica-se comigo. É o momento em que sinto que sou você, em que o outro se abre de alguma maneira, uma vez que ele para de ser um objeto submetido à explicação. A compreensão é a maneira que o indivíduo tem de conhecer um outro indivíduo. Se vejo o outro chorar, não saberia o que isso significa fazendo uma análise química de suas lágrimas. Em contrapartida, eu o compreenderia perfeitamente se sei que posso chorar quando estou triste. Sem esse tipo de relações humanas, nada é possível...

Você insistiu também na ideia de purificação. Penso que ela é muito importante, pois se trata de uma das palavras ligadas ao nascimento da nação moderna. A nação espanhola foi criada com base em uma purificação religiosa provocada pela expulsão dos judeus e dos islâmicos. As purificações religiosas floresceram nos séculos XVI e XVII durante as guerras de religião. A Inglaterra excluiu os católicos, Luiz XIV revogou o édito de Nantes. E, mesmo que tenhamos chegado a uma triunfante época de laicidade, vimos aparecer uma outra purificação, étnica e racista. A purificação étnica não é, aliás, uma invenção dos sérvios. No começo do século, por ocasião das guerras greco-turcas, milhões de turcos foram compelidos a deixar a Turquia asiática, enquanto milhões de turcos deixaram a Macedônia para irem para a Turquia. Depois da Segunda Guerra, milhões de alemães foram expulsos da Silésia polonesa e milhões de poloneses foram expulsos da Ucrânia, etc. Atualmente, infelizmente, presenciamos as ofensivas do nacionalismo com o reaparecimento evidente da purificação e, em certos países, a tirania das zonas de fronteira... É certo que as nações são fundadas na ideia de uma comunidade de destino; é evidente que pertencer a uma nação dá a impressão de que se está enraizado em uma comunidade. Hoje, porém, somos capazes de pensar que existe uma comunidade muito mais antiga e ampla: uma comunidade propriamente terrestre, humana. Por quê? Porque descobrimos nossa identidade de origem: a humanidade não cresceu como cogumelos em qualquer lugar; possui um tronco que se espalhou. Descobrimos igualmente uma identidade de natureza, o fato de que todos somos capazes de rir, chorar e sorrir, mesmo se, modulamos diferentemente os risos, os choros e os sorrisos, conforme as culturas.

Existe uma unidade fundamental que vai se manter por meio de notáveis diversidades: unidade e diversidade, eis nosso duplo tesouro. Estamos, enfim, na era planetária, a era da comunidade de destino de toda a humanidade; temos os mesmos problemas fundamentais de vida ou de morte – sejam eles a arma atômica, a ameaça ecológica, a AIDS, as guerras, a economia, etc. Insisto nessa ideia que me é muito cara: a ideia de Terra-Pátria. Tenho a convicção de que, se pudermos adicionar a palavra Pátria à nossa Terra, não se tratará de um cosmopolitismo desenraizado que ignora os enraizamentos concretos. De modo algum; negam-se os enraizamentos, mas eles devem integrar-se em um enraizamento mais profundo. Não pode haver complexidade sem que cada um de nós tenha o senso da comunidade. Penso que o planeta não poderá civilizar-se sem que essa ideia de pertencimento a uma comunidade terrestre se enraíze entre os humanos. Caso contrário, as barbáries que já conhecemos proliferarão de novo...

BORIS CYRULNIK

No plano biológico, é verdade que pertenço à espécie humana, isso porque eu posso fecundar todas as mulheres do planeta. A genialidade humana é ter de escolher entre a evolução e a petrificação, ou seja, entre a morte psíquica e a morte física. A catástrofe talvez seja o único modo evolutivo habitual no mundo humano, no qual espécies tomaram o lugar de espécies evolutivas graças às catástrofes evolutivas. Claro que se trata de um modo de evolução animal e não se é obrigado a respeitar as leis animais pelo fato de vivermos em um mundo humano. Pode-se muito bem ultrapassar a convenção do signo e a convenção da lei para que isso nos permita coexistir num mesmo espaço-tempo. Talvez seja isso que distinga a especificidade humana!

EDGAR MORIN

Existe, porém, uma catástrofe ecológica, e talvez sejam as formigas que tirarão maior proveito dela.

BORIS CYRULNIK

Exatamente! Hoje, aliás, a principal massa que vive na terra não é o homem, mas a minhoca... E se um marciano tivesse que fazer uma declaração de paz, acho que ele deveria aprender a linguagem das minhocas, pois são elas que devem ser seduzidas, são elas que possuem o mundo. Escutando você falar da condição humana, eu pensava comigo mesmo que os homens são originários de outros lugares. Existem pouquíssimos homens que se originaram do lugar em que se encontram...

EDGAR MORIN

Os primeiros europeus são descendentes das grandes invasões!

BORIS CYRULNIK

Trata-se de uma consequência inevitável. Quando se faz um mapa da história do homem, veem-se setas em todos os sentidos. O conceito de nação é um abuso, trata-se de uma convenção guerreira que permite traçar limites que englobam homens vindos de horizontes muito diferentes. Creio, entretanto, que, apesar de tudo, é necessário pertencer a algum deles. Quando se trabalha com crianças sem família, percebe-se que elas não têm uma ideia em mente – a de "pertencer". A partir do momento em que se pertence a uma mãe, a uma família, a uma língua, a uma cultura, a identidade se constitui, passa-se a ser alguém. E essa redução de identidade, de língua, de emoção, modela e, simultaneamente, nos constitui. A sequência integral de nossas conversas foi afirmar que era necessário construir teorias e que era abusivo elaborar apenas uma única teoria. O argumento é o mesmo para o sentimento de pertencimento: é preciso pertencer a seus pais, à sua língua, à sua religião, a seu grupo cultural, mas é abusivo acreditar que só esse modo de pertencimento é possível. A vantagem das mães é que pertencemos a elas quando somos crianças, o que mais tarde nos permite tornarmo-nos autônomos e deixá-las. A função da mãe consiste, então, em ter um filho para lhe dar os meios de deixá-la. Educar é conduzir para fora de si. O mesmo argumento se aplica à biologia. É apenas a partir da matéria que se pode sair da matéria. É preciso que haja matéria para que se possa sair dela, tornar-se homem, habitar o mundo dos signos, das palavras, das narrativas.

A grande falência política que se esboça nos dias atuais consiste em dizer: "Eu tenho a verdade, eu vou impô-la a você... Eu tenho a verdade biológica, vou proceder a uma purificação étnica". Biologicamente isso não faz nenhum sentido, pois, se existe uma universalidade do homem, ela é inteiramente biológica, porque esse homem é capaz de fecundar todas as mulheres do planeta. Em contrapartida, se quero construir minha personalidade, sou obrigado a reduzir meus potenciais, uma vez que não posso ser tudo. Para me tornar eu mesmo, devo, então, renunciar a falar todas as línguas, reduzir traços em meu cérebro a fim de perceber um mundo, pertencer a uma cultura, para depois ser levado até mesmo a conhecer uma outra cultura. Poderia enfatizar a palavra "encontro", pois, tendo me tornado eu mesmo, posso ir ao encontro de um outro; aliás, vai ser muito divertido descobrir um outro continente, uma outra cultura, uma outra mentalidade.

Continuo, porém, a ser eu mesmo encontrando um outro. Nunca existe híbrido. É isso que agora se propõe, lutar contra o híbrido. O estupro das mulheres na ex-Iugoslávia consistia exatamente em inseminar híbridos em seu ventre, ou seja, o crime dos crimes! De algum modo, então, continuo a ser eu mesmo e, se desejo encontrar um outro, jamais haverá híbrido: serão duas pessoas, duas culturas, dois sexos, duas formações diferentes que vão se encontrar.

EDGAR MORIN

De qualquer modo, gosto muito da sua ideia de híbrido... Diria até mesmo que, diante de culturas muito estranhas, percebemos que essas culturas são em si mesmas fruto de encontros. O fenômeno do encontro cria, então, algo novo, uma nova emergência. Uma cultura deve, simultaneamente, abrir-se e fechar-se. Fechar-se no sentido em que ela deve manter sua estrutura, sua identidade, isso porque a abertura total implica sua decomposição. Abrir-se, porém, permanece sendo a única maneira de se enriquecer. Tomemos um exemplo musical ao qual eu sou muito ligado, o flamenco. Para mim, esse canto parecia ser o mais puro e o mais autêntico de todos... Na verdade, ele tem fontes indianas, ibéricas, árabes, judaicas. É justamente isso que permitiu que algo original fosse criado – que é a maior mensagem cantada do povo cigano. É evidente que o flamenco corria o risco de se dissolver, mas hoje ele ressuscitou e isso porque alguns indivíduos quiseram preservá-lo.

Constata-se, pertinentemente, que uma cultura pode diversificar-se muito, que a mestiçagem é criadora de uma nova identidade. O problema da identidade deve ser vivenciado como uma poli-identidade concêntrica. Você tem razão em afirmar que nunca se deve esquecer a mãe, pois sem maternidade não há fraternidade. Para se certificar desse fato, basta olhar a tragédia dessas crianças e adolescentes sem lar (mãe ausente, pai desaparecido, desintegração de todas as solidariedades sociais, etc.). É evidente que existem necessidades de fraternidade no nível da família, e também no nível da habitação – aldeia, conjuntos habitacionais, bairro. Nos dias atuais, muitas solidariedades se decompõem e provocam solidão e desespero... Mais do que isso, trata-se de viver essas solidariedades em escalas que não existem mais, como essa solidariedade europeia que se pretende constituir sem destruir nem dissolver as solidariedades ao nível da escala das nações. O que existe de fato, volto a repetir, é uma solidariedade de outro tipo, uma solidariedade humana terrestre. É preciso perceber essas solidariedades não como antagônicas, mas sim como complementares. A exclusão é uma ideia atroz. As identidades são feitas de integração. No fundo de meu eu, há outros "eus". Há meus pais que não são eu mesmo, carrego comigo uma família de pessoas que jamais conheci. Há também a influência daqueles que me nutriram, que também estão em mim, todos que integram meu ego, meu eu, e que podem enriquecer minha identidade. Você tem razão; um mundo em que não se compreendesse o outro, onde se visse o outro como inimigo, ou um mundo que se fechasse em si mesmo, tudo isso constituiria um mundo de horror. Penso que a abertura para si mesmo e a abertura para o outro são, efetivamente, duas faces da mesma realidade.

BORIS CYRULNIK

É preciso ser si mesmo para encontrar o outro. Você afirmou que o encontro cria o novo, como o sexo... Quando se fala de reprodução sexual, utiliza-se um termo inadequado. Por quê? Porque, desde o instante em que o sexo aparece no mundo vivo, um macho e uma fêmea se encontram para inventar um terceiro ser que, a partir de um mesmo programa genético, vai, entretanto, recombinar os genes para conceber uma outra maneira de ser vivo. Tal como o encontro, o sexo cria o novo. O sexo é quase uma lei do mundo vivo. E o que você disse me parece muito importante, somos pressionados para a inovação. Senão, repete-se a lei, que é, assim, transformada em um discurso litânico. Com certeza, essa função é tranquilizante, soporífica, mas ela impede o encontro, propiciando uma única visão do mundo enquanto existem mil outras maneiras de viver. Você não tem a impressão de que esse retorno da genealogia que se constata atualmente, no plano histórico e temporal, seja, talvez, o equivalente dos nacionalismos nos planos geográficos e da espécie?

É certo que desde o instante em que falo, em que sou um homem, preciso conhecer a história de minha pessoa, de minha família, de meu grupo social, tudo isso faz parte de minha identidade. Apesar disso, porém, estamos começando a praticar a guerra uns com os outros por causa de problemas que já foram levantados há vários séculos e, até mesmo, há vários milênios!

EDGAR MORIN

Não estamos condenados, mas corremos o risco de que o pior aconteça. De fato, compreende-se perfeitamente essa necessidade de genealogia. Não se trata apenas de uma resposta, um reflexo a um processo de desenraizamento e de homogeneização... Trata-se de algo muito positivo, mas com a condição de que não provoque um fechamento. No fundo, todo o problema reside nisso: a grande ameaça é o fechamento. No plano mental, qual é o perigo hoje? É o fragmento – o fragmento nacionalista – que pretende considerar-se como a única e verdadeira totalidade; é o fechamento cultural, nacional, religioso, que se esquece da solidariedade com os vizinhos e, mais amplamente, com todas as outras sociedades humanas. É a fragmentação produzida pelo discurso compartimentado que, dominando o planeta, não vê senão divisões o tempo todo e que elimina tudo aquilo que é da carne, da vida, da paixão, do sentido, da humanidade! E, a esses dois tipos de discursos mutilantes que proliferam nos dias atuais, é preciso opor o discurso da união, da conexão, da comunicação, da empatia, da comunidade e da comunhão.

BORIS CYRULNIK

E isso obriga a se inventar, tornar-se si mesmo para encontrar um outro, isso porque ele também é um outro em si mesmo.

Esse livro foi composto
na primavera de 2013,
utilizando a família
tipográfica Thesis.
Impresso na Paym Gráfica